Anne-Christine Lehallier

Consolations

Poèmes sur le chemin des quatre saisons

Illustrations Graciane

*"Consoler, c'est aimer.
Et accepter d'être consolé, c'est accepter d'être
aimé."*

Christophe André

A tous ceux qui consolent ...
A tous ceux qui se laissent consoler...

© 2024 Anne-Christine Lehallier
Édition : BoD · Books on Demand GmbH, In de Tarpen 42,
22848 Norderstedt (Allemagne)
Impression : Libri Plureos GmbH, Friedensallee 273,
22763 Hamburg (Allemagne)
ISBN : 978-2-3225-4088-4
Dépôt légal : Octobre 2024

Avant les saisons

La fleur hésite
Elle est pudique

J'ai des mots plein la tête
Certains se mêlent à ma voix
Et deviennent paroles
Certains se mêlent à mon cœur
Et deviennent poèmes

Silence du poète...
             ...Ou poème à lire très lentement...

Le poète
Observe silencieusement le monde
Instant après instant

Il observe le monde et l'observe encore

Le poète
Étire alors l'instant fragile
Où l'âme tout à coup se révèle

Il étire l'instant et l'étire encore

Le poète
Emplit l'instant unique
De mots simples choisis avec tendresse

Il écrit l'instant et savoure les mots

Le poète
Laisse enfin s'envoler l'instant fragile
Et se repose tout épuisé de mots

Il sourit et pleure en silence
Puis courageusement
Reprend son chemin et observe à nouveau

Automne

La fleur accepte
Elle se sent prête

Enfant confiné

Un enfant confiné
Dans le ventre de sa mère
S'ennuie et se désespère

Un enfant confiné
Dans le ventre de sa mère
Sourit et soudain espère

Il entend le murmure du vent
Il perçoit la lumière du soleil
Il devine la douceur de la pluie

Il ressent la force de la vie
Et décide de lui dire oui

Octobre

Une nuit d'Octobre
Une goutte de pluie
Suspendue
Sur son vieil ami le chêne
Hésite

Une nuit d'Octobre
Une larme timide
Soucieuse
Sur son vieil ami l'enfant
Vacille

Une nuit d'Octobre
Les deux vieux amis
Le chêne et l'enfant
Confiants
S'enlacent
La goutte de pluie et la larme
Se consolent

Le vent

Le vent soufflait fort
Tu m'as donné la main
Tu m'as lu un poème

Le vent soufflait fort
Mais le soleil éclairait

Rencontre

Rencontre
    D'un homme qui va mal
    Et d'une Terre qui va mal
Ils ont échangé
Je ne sais pas ce qu'ils ont décidé

Marioupol

Marioupol quel joli nom
Je mélange tes lettres jour après jour et...
Je vois le noir de tes sous-sols
Je renifle la poussière de tes immeubles
J'entends la violence de tes impacts
Je devine la terreur de tes enfants

Marioupol quel joli nom
Je mélange tes larmes jour après jour et...
Je te respire, je te transpire
Je t'emmène partout avec moi
Je voudrais te dire quelque chose
Mais les mots ne sortent pas

Marioupol quel joli nom
Je mélange tes silences jour après jour et...
Je te sens au fond de moi
Comme un fardeau comme un cadeau
Je te sens très loin de moi
Et voudrais te prendre dans mes bras

Marioupol quel joli nom
Je mélange tes espoirs jour après jour et...
Ton nom devient ma force et ma douleur
Ton nom me réchauffe et me sidère
Ton nom me chantonne un dernier souffle
Un souffle d'espoir pour Marioupol

Où es-tu ?

Je te regarde et je ne te reconnais pas

Où sont partis tes mots et tes pensées ?
Où sont partis tes doutes et tes espoirs ?
Où sont partis tes amours et tes envies ?
Et si tout est parti
Qui es-tu toi aujourd'hui ?

Comme seule réponse
Le vertige de l'incompréhensible
Le vertige de l'oubli
Le vertige de l'abandon

Je te regarde encore, je te cherche encore

Tu es là devant moi
Le regard dans les nuages
Le corps fragile, le pas ralenti
Errant d'ici de là
Où es-tu toi aujourd'hui ?

J'aimerais penser que tu es ailleurs
Un ailleurs que je ne perçois pas
Un ailleurs doux et posé
Bien au-delà des mots
Bien au-delà des souvenirs

Alors j'abandonne mes questions
Je laisse mon cœur errer
Et je te laisse naviguer dans cet ailleurs
Cet ailleurs que je ne connais pas
Vers lequel je te rejoindrai peut-être un jour

Et comme unique boussole,
Je t'offre mon sourire
Comme unique cadeau,
Je te prends par la main

Les vieilles dames

Impression de partir à un enterrement
Même lourdeur
Même énigme
Même tristesse

Sauf qu'aujourd'hui il n'y a pas de mort
Juste une vieille dame
Qui entre en ehpad
Et qui ne le veut pas

A son enterrement le mort reste discret
Il ne proteste pas
Il ne s'oppose pas
C'est déjà ça

Aujourd'hui la vielle dame
S'accroche
Résiste
Et veut rentrer chez elle

Après un enterrement
Je me sens vide
Je me sens perdu
Je me sens abandonné
Et je regarde le Ciel

[…]

[...]

Après cet aujourd'hui
Je me sens lâche
Je me sens impuissant
Je me sens abandonneur
Et je ne regarde nulle part

J'ai peur des enterrements
Qui avalent les morts
Mais le Ciel apaise, parfois

J'ai peur des ehpad
Qui avalent les vieilles dames
Et rien ne m'apaise, ce soir

Tu ne voulais pas mourir....

Un petit corps tout rétréci
Tout endormi au fond d'un lit
Un petit corps trop vieillissant
Qui attend quoi qui attend qui ?

Comme échoué sur un îlot lointain
Le regard vide le regard plein
Le corps trop épuisé et l'âme suspendue
Sans savoir où tu es sans savoir où tu vas

Peut-être encore un peu de temps
Un peu de temps qui me surprend
Un peu de vie un peu de quoi ?
Je ne sais pas et je me noie

Il est trop tôt il est trop tard ?
Il fait trop jour il fait trop noir ?
Je ne sais plus ce que je vois
De l'abandon ou de l'espoir ?

Mais tu es là et je suis là
Rien à comprendre rien à penser
Encore un regard qui me touche
Encore une caresse si douce

Tu es là et je suis là
Pour quelques heures ou quelques jours
Tout est mystère et c'est ainsi

Quand je serai grand

Quand je serai grand
Je serai petit

Je sauterai dans les flaques d'eau
Je grimperai confiant tout en haut des arbres
Je parlerai bavard le langage des oiseaux

Je ferai le fier sur les épaules d'un ami
Je chuchoterai des secrets aux oreilles des galets
Je danserai léger émerveillé sous les étoiles

Je regarderai tout en haut et tout en bas
Je respirerai chaque parcelle de mon jardin
J'embrasserai les roses et leurs épines
Je dessinerai les tempêtes et les étés

Quand je serai grand
Je serai petit
Si petit que tout sera permis

Et tout empli de joie et de lumière
Tout amoureux de cette terre infinie
Je m'allongerai souriant sur les feuilles d'automne
Pour m'endormir heureux
Et mourir

Hiver

La fleur a froid
Elle se rétracte

La Terre tourne
Le soleil se couche
La mer descend
Je ne peux plus suivre

Être seul
  Pleurer seul
    Mourir seul
      Laisser mourir seul
        Souffrance ultime de l'homme seul

Seule au monde
Seule et triste
Seule à terre
Seule à mourir

Carnaval d'un suicidé

Jour de carnaval
Chacun son déguisement
Toi tu n'as pas fait semblant

Jour de carnaval
Chacun son accoutrement
Toi tu n'étais pas vraiment partant

Jour de carnaval
Tous les thèmes étaient déjà pris
Tu as opté pour celui du plus macabre

Jour de carnaval
Chacun cherche à surprendre
Toi tu as juste choisi de te pendre

Jour de carnaval
Absurdité d'un déguisement
Pour annoncer un suicidé

Jour de carnaval
Ultime pied de nez à la liberté
Liberté de mourir au milieu des déguisés

Jour de carnaval
Ultime pied de nez à l'humanité
Humanité de choisir de ne plus souffrir

Libre

Vouloir mourir à vingt ans
C'est un peu comme
    Un oiseau qui ne voudrait pas s'envoler
    Un cerisier qui ne fleurirait pas au printemps
    Un soleil qui s'arrêterait de briller

Mais l'enfant de vingt ans
    N'est ni un oiseau
    Ni un cerisier
    Ni un soleil
Il est tout cela à la fois

Il est libre de vivre
Il est libre de mourir

Mon copain de cimetière

Je le croise tous les matins
Depuis quelques lunes
On est devenus des amis
Je l'appelle mon copain de cimetière

Il prend soin de mon enfant
Je prends soin de son épouse
Les deux sont morts et reposent ici
Les deux sont vivants dans nos chairs

On parle de choses essentielles
De chagrins que personne ne comprend
D'un possible monde parallèle
De belles fées et d'anges volants

On pleure ensemble, on rit ensemble
On parle d'absence et de précipice
On interroge la terre et le ciel
On se console on se rassure

On survit comme deux funambules
En équilibre entre larmes et sourires
Deux funambules de cimetière
En équilibre entre vide et présence

Un jour peut-être tu le rencontreras
Il est facile à reconnaître
Son pas est lent, sa voix est douce
Il marche un arrosoir à la main
Il s'accroupira et te prendra dans les bras

L'oiseau

L'oiseau blessé
Attend de récupérer
Pour repartir voler

Il sait que la pluie
Rincera sa blessure
Il sait que le vent
Sèchera sa fêlure
Il sait que la lune
Calmera sa douleur
Il sait que le soleil
Assouplira sa voilure

Il reprendra guéri son envol
Tel un oiseau-pluie
Tel un oiseau-vent
Tel un oiseau-lune
Tel un oiseau-soleil

Et au plus profond de la nuit,
Sous les nuages menaçants,
Prisonnier du sable mouillé
Il sait que l'étoile veille sur lui

Il volera désormais
Tout empli de pluie, de vent, de lune, de soleil
Et tout empli de lumière
Tel un oiseau-étoile

Lourdes larmes

Très lourde
Toute remplie de larmes
Je me couche

Pourquoi pleurer si personne n'est là ?
Pourquoi pleurer si personne ne comprend ?
Pourquoi pleurer si personne ne console ?

Alors je reste lourde
Toute remplie de larmes
Et je me couche

Peut-être que chaque larme
Se transformera en un mot
Et que toute remplie de mots
Demain je me lèverai

Printemps

La fleur se redresse
Telle une déesse

L'enfant pleure
L'enfant rit
Puis il pleure puis il rit
Il grandit et c'est ainsi

Murmure du printemps

Dans la grisaille interminable
Au détour du chemin boueux
Perchées sur des branches fatiguées
Quelques petites fleurs roses

Très discrètes
Et pourtant si confiantes

Promesse de douceur et de légèreté
Et de pieds nus au bord de l'eau
Promesse de couleurs et de liberté
Et de pique-niques très loin de tout

Très discrètes
Et pourtant si confiantes

Les petites fleurs roses
Fières et généreuses
Se dressent sur mon chemin boueux
Et annoncent rosement
Le murmure du printemps

Avril

Avril s'est présenté
Par ce matin ensoleillé

Quelques oiseaux par-ci
Quelques bourgeons par là
Quelques flocons par-ci
Quelques tulipes par là

Imperturbable
Fidèle
Fier et confiant

Avril s'est présenté
Et je l'observe impressionnée

J'ai dit à l'arbre
    "Je me sens seule"
L'arbre m'a dit
    "Tu n'es pas seule"

La mer

Être seule avec la mer
Côte à côte en toute intimité
Sentir sa respiration et m'adapter à elle
Ressentir son humeur et jouer avec elle

M'en approcher tout près
Me faire éclabousser
M'en éloigner un peu
Et revenir tout près

Il n'y a plus de terre il n'y a plus de mer
Plus de limite plus de barrière
Juste elle et moi dans une danse sensuelle
Juste elle et moi dans un cercle sacré

Les deux Chênes

Ils étaient là quand je suis née
Ils seront là après ma mort
Ils me regardent mûrir et m'épanouir
Tels les vieux sages de Grignols

Puissants et majestueux
Ils veillent sur mon espace
Comme deux grands princes sentinelles

Je les observe
Je les respire
Je les médite
J'ose parfois même les embrasser

Que je me sens fragile à côté d'eux
Et que je me sens forte en même temps
Comme une enfant fascinée
Admirative et timide

J'aimerais comprendre leur langage
Et leurs histoires de forêts
J'aimerais percer leur mystère
De feuillages et de racines

Je me contente de rester là
Tout près d'eux…
Et je savoure

[…]

[…]

Et alors je devine
Qu'ils chuchotent des secrets
A qui veut bien les écouter
Qu'ils mélangent leurs couleurs
Pour en faire des peintures

L'autre matin
Leurs branches se sont même enlacées
Pour me dévoiler un cœur
Un vrai cœur de Chênes
A l'entrée de la forêt

Mais ça je le garde pour moi
Personne ne comprendrait
Mon histoire d'arbres-cœur

Fête des mères

Bonne fête à toutes les mamans
Et à celles qui ne le sont pas
Bonne fête à toutes les mamans
Sans poèmes ni dessins d'enfant

Un doux câlin surtout à toutes les mamans
Qui pleurent
Qui hurlent
Ou qui sanglotent

Un doux câlin surtout à toutes les mamans
Qui doutent
Qui attendent
Et qui désespèrent

Un doux câlin surtout à toutes les mamans
Qui sont seules
Qui sont vides
Qui sont dans le noir

Bonne fête à vous toutes
Je voudrais vous prendre dans mes bras
Et vous offrir quelques mots d'enfant

Consolation

Parfois le vent soufflera
Toujours il se calmera
Parfois le soleil brûlera
Toujours il se couchera
Parfois la vague emportera
Toujours elle ramènera
Parfois l'enfant pleurera
Toujours le vent le soleil ou la vague
Le consolera

Été

Ronde est la fleur
D'amour et de larmes

Câlins

Un premier jour d'été
Il y a vingt ans je te prenais
Dans mes bras
Pour la première fois

Câlin après câlin
Mes bras ont tâtonné
Ils ont hésité
Et parfois trembloté

Câlin après câlin
Mes bras ont cherché le chemin
Ils se sont assouplis
Puis se sont adoucis

Câlin après câlin
Mes bras ont accepté
Le désordre et la différence
Les larmes sourdes et les colères

Câlin après câlin
Mes bras ont découvert
La fierté d'une parole éclairante
L'étonnement d'un sourire partagé

Câlin après câlin
Mes bras ont savouré
La force de marcher l'une contre l'autre
Le plaisir de t'entendre parler des oiseaux

Câlin après câlin
Tu m'as modelée femme et maman
Mes bras se sont accordés à tes côtés
Pour composer une belle mélodie d'été

Une adolescente

Des béquilles
Un foulard en guise de cheveux
Un regard pétillant
Un sourire pénétrant
Une belle adolescente
A la sortie du collège

Je la regarde
Elle me fascine
Je la remercie

Merci de me rappeler que la vie
Est fragile
Que la mort est possible
Même à quinze ans

Merci de me rappeler que la vie
Est douleur
Qui atteint en plein cœur
Les enfants et leurs parents

Merci de me rappeler que la vie
Est sacrée
Que mes enfants vont bien
Et c'est un privilège

Merci de me rappeler que la vie
Est puissante
Que l'enfant au foulard
Va guérir et ses parents aussi

Je la regarde
Je la remercie
Je continue mon chemin
Son sourire tout au fond de moi

Matin d'été

J'aimerais te redire
La beauté d'un jour nouveau
Mais je ne ressens ce matin
Que la peur des jours prochains

J'aimerais te rappeler
La puissance de ce cœur sensible
Mais je ne ressens ce matin
Que la faiblesse de ce corps fatigué

J'aimerais te partager
Que tu es libre de courir ou de voler
Mais je ne ressens ce matin
Que la lourdeur de ces membres fatigués

J'aimerais te transmettre
La fierté de s'affirmer femme
Mais je ne ressens ce matin
Que la contrainte d'être née toute x

Alors je te chuchote
Que j'ai peur
Que je suis affaiblie
Que je suis lourde
Que je suis femme
Réalité fragile de ce matin d'été

Ce soir je pleure

Ce soir je pleure
Je pleure le sourire que je n'ai pu donner
Je pleure le mot doux resté emprisonné
Je pleure la caresse inachevée

Ce soir je pleure
Je pleure telle une enfant abandonnée
Je pleure telle une femme désorientée
Je pleure telle un petit corps fatigué

Ce soir je pleure
De ne pouvoir pardonner
De ne pouvoir consoler
De ne pouvoir aimer plus

Ce soir je pleure
De n'être qu'une femme comme les autres
De n'être qu'une mère comme les autres
De n'être qu'un rien comme les autres

Ce soir je pleure
Je laisse couler mes larmes
Des larmes chaudes d'un soir d'été
Des larmes lourdes d'un jour cabossé
Des larmes salées d'un moment bousculé

Ce soir je pleure
Les larmes enfin s'évaporent
Et laissent timidement sur leur chemin
L'esquisse d'un sourire, d'un mot doux
Et la caresse d'un soir d'été

La Main

Le corps tout plein de larmes ne bouge pas ne parle pas
Il risquerait de déborder

Le corps tout plein de larmes reste transparent reste silencieux
Il risquerait de se disloquer

Il se sent lourd
Il se sent triste
De porter seul toutes ces larmes

Un jour, une main très douce
Perçoit le corps plein de larmes
Et ressent qu'il est vraiment trop plein de larmes

Elle vient alors se poser tout doucement tout simplement
Sur le corps tout plein de larmes

Une vibration se répand
Le corps rempli de larmes tangue, tremble
Il a chaud, il a froid, il frissonne
Il a du mal à contenir toutes ses larmes

La main elle ne tangue pas
Elle sent le corps s'agiter
Et reste là calmement, sereinement
Elle ose même quelques mots bousculants

[…]

[…]

Le corps perd alors son équilibre
Une larme s'échappe puis encore une
Puis encore d'autres qui en profitent

Épuisé, désorienté
Le corps plein de moins de larmes se redresse
Puis respire puis observe

Il ressent alors tout au fond de lui
Un peu d'espoir
Un peu d'espace pour sourire
Un peu d'espace pour s'ouvrir

Le corps tout plein de moins de larmes
Est touché, reconnaissant
De la main qui s'est posée
Il aimerait la remercier

Il pose alors quelques mots sur un papier
Quelques mots tout simples
Quelques mots sincères
Pour lui dire merci
Merci de s'être posée ce jour-là

Une étoile

Je ne te connais pas
Je ne sais rien de toi

Juste ton prénom
Et que tu t'es envolée ce matin

Je ne connais rien de toi
Je ne sais rien de toi

Quels étaient tes rêves d'enfant ?
Quels étaient tes doutes ?
Quelles étaient tes joies et tes chagrins ?

Je ne connais rien de toi
Je ne sais rien de toi

Mais ce que je sais à présent
C'est que tu es entrée ce matin dans mon cœur de
femme
Que je te prends ce soir dans mes bras de mère
Et que tu brilles très fort dans ce ciel d'été

Au-delà des saisons

La fleur se sent légère
Le vent la soulève

Inspiration

Il est des inspirations légères
Et des inspirations serrées
Il est des expirations joyeuses
Et des expirations douloureuses

Une première inspiration à la vie
Sacrée et applaudie
Une dernière expiration vers l'au-delà
Sacrée et suffocante

L'une après l'autre, jamais la même,
Chaque respiration raconte une histoire
Une histoire de corps, une histoire de cœur
Une histoire d'enfant qui devient grand

L'une après l'autre, toujours fidèle
Chaque respiration invite la suivante
A entrer dans la danse
De la grande respiration de l'univers

J'inspire le monde
J'expire le monde
Ce n'est pas moi qui respire
Je ne fais que laisser respirer le monde

Naissance

Un cri puissant puis le silence d'une mère
Un silence puis le cri suffocant de l'enfant

Chaque naissance est un mystère
Chaque naissance est une passerelle

Passerelle fragile
Entre le cri et le silence
Passerelle subtile
Entre une mère et son enfant
Passerelle sacrée
Entre le monde et cette vie

Le chemin sans toi

Plus jamais je ne verrai ton sourire
Mais qu'est devenue cette âme qui le rendait si
lumineux ?

Plus jamais je ne contemplerai tes yeux
Mais qu'est devenue cette âme qui les rendait si
profonds ?

Plus jamais je n'entendrai ta voix
Mais qu'est devenue cette âme qui la rendait si
chaleureuse ?

Plus jamais je ne caresserai tes mains
Mais qu'est devenue cette âme qui les rendait si
douces ?

L'âme ne peut mourir
Elle ne peut rester enfermée sous la terre
Elle ne peut se volatiliser dans les airs
Où est allée ton âme dans ce monde sans toi ?

Je ne sais pas je ne comprends pas
Je vais simplement continuer le chemin
Et écouter les silences
Me murmurer ta présence

Insomnie

Demain
Mon corps se couvrira de rides
Ma mémoire s'envolera dans le vide
Alors je ne m'endors pas

Demain
Mes enfants partiront loin de moi
Mes parents mourront dans mes bras
Alors je ne m'endors pas

Demain
Le feu détruira les forêts
La terre se fissurera assoiffée
Alors je ne m'endors pas

Demain
Les larmes inonderont les déserts
Les sanglots passeront les frontières
Alors je ne m'endors pas

Demain
La paix s'éteindra vieillissante
La peur l'emportera triomphante
Alors je ne m'endors pas

[...]

[...]

Je préférerais tout arrêter ce soir
Mes enfants dans leur lit d'enfant
Mes parents dans leur jardin de parents
Ma planète bordée de mers et d'océans

Tout arrêter comme par magie
Comme dans les livres d'enfants
Quand l'amour et la beauté sont les vrais gagnants

Mais malgré tous mes efforts
Je finis par m'endormir
Épuisée désolée
Vers un redouté demain d'abîme

A moins que

Miroir de l'ascenseur B

J'ai décidé de me sourire
Dans ce miroir tous les matins

Sourire à la journée qui se présente
Sourire à ce visage si déroutant

Sourire à mon histoire
Sourire à mes espoirs

Sourire à mes faiblesses
Sourire à ma petitesse

Sourire à mes fantômes
Sourire à mes chagrins de môme

Sourire à ce que je suis
Sourire à tous ceux que je fuis

Sourire à ma solitude
Sourire à mes si longs silences

Sourire au matin qui se présente
Et pleurer ce soir pour cette vie qui m'épouvante

Poème léger

Le rouge gorge s'amuse
Dans mon jardin
Il apparaît puis disparaît
Il me surprend
Me fait sourire
Ne me laisse jamais indifférente

Il prend la pose
Me questionne
Me provoque
Me rassure

A même le sol
Sur une branche
Dans l'olivier
Ou en bord de fenêtre
Il se redresse fièrement

A chaque apparition
Il me rappelle
Que c'est ici
Que c'est maintenant
Sans rien devoir comprendre

Le rouge gorge s'amuse
Dans mon jardin
Puis repart je ne sais où
Reviendra je ne sais quand
Me faire un clin d'œil du présent

Promenade

J'ai longtemps cherché le soleil
Et je n'apercevais que la lune

J'ai longtemps cherché le bleu du ciel
Et je ne voyais que les nuages

J'ai longtemps cherché la confiance
Et je ne ressentais que le doute

J'ai longtemps cherché des rencontres
Et je ne trouvais que l'absence

J'ai renoncé à chercher
J'ai abandonné j'ai pleuré
J'ai regardé j'ai écouté j'ai respiré

Le temps s'est écoulé
Étiré suspendu douloureux
En promenant mon coeur fissuré

Derrière la lune j'ai un matin deviné le soleil
Puis derrière les nuages j'ai aperçu le ciel bleu
Au coeur de mes doutes j'ai ressenti la confiance
Au plus profond du silence j'ai découvert des amis

Le temps s'est révélé
Étiré suspendu surprenant
En promenant mon coeur éclairé

La lune et le soleil
Les nuages et le ciel
Le doute et la confiance
L'absence et les amis
Sont désormais tous là
Promenant mon coeur fissuré éclairé

Si je partais ce soir

Si je partais ce soir
Que te resterait-il ?

Pas de grands gestes ni de précieuses pierres
Pas de belles phrases ni de lointains voyages

Juste un rayon de soleil,
Une vague salée
Et de simples poèmes

J'aurais aimé faire plus
J'aurais aimé faire mieux

Mais un rayon de soleil c'est déjà beaucoup
Une vague salée ça restera sacré
Et un simple poème peut te caresser d'un "je t'aime"

Espace

Entre l'arbre et sa fleur
Entre l'oiseau et le ciel
Entre le nuage et l'averse

De l'espace

Entre une inspire et une expire
Entre la naissance et la mort
Entre la musique et le silence

De l'espace

Entre la tendresse et le désir
Entre la douceur et la caresse
Entre la chaleur et le plaisir

De l'espace

Entre mes larmes et mes mots
Entre mes colères et mes peurs
Entre ma faiblesse et ma force

De l'espace

Cet espace laisse filer le vent
Cet espace laisse couler la pluie
Cet espace laisse passer la lumière

Cet espace laisse passer l'amour
Il est l'Amour

La fleur se réjouit
Elle trouve ça très beau

Remerciements

A Nathalie pour avoir invité les poèmes à sortir de ma chambre, pour y avoir perçu un rayon de lumière et pour avoir travaillé avec enthousiasme sur cette cocréation

A Nathalie encore pour ses illustrations sensibles et consolantes

A mes parents pour leur amour, leur présence et leur soutien depuis toujours

A mon mari et mes enfants pour leur amour, leur confiance et leur présence tout près de moi

A tous les guérisseurs et les éclaireurs rencontrés sur mon chemin

A tous mes amis de méditation pour leur sincérité, leur partage et leur joie profonde

Les poèmes